Barbara Pereira

ALIENAÇÃO PARENTAL
NO ORDENAMENTO JURÍDICO

Barbara Pereira

ALIENAÇÃO PARENTAL
NO ORDENAMENTO JURÍDICO

Copyright © 2023 by Editora Letramento
Copyright © 2023 by Barbara Pereira

Diretor Editorial Gustavo Abreu
Diretor Administrativo Júnior Gaudereto
Diretor Financeiro Cláudio Macedo
Logística Daniel Abreu e Vinícius Santiago
Comunicação e Marketing Carol Pires
Assistente Editorial Matteos Moreno e Maria Eduarda Paixão
Designer Editorial Gustavo Zeferino e Luís Otávio Ferreira

Todos os direitos reservados. Não é permitida a reprodução desta obra sem aprovação do Grupo Editorial Letramento.

Dados Internacionais de Catalogação na Publicação (CIP)
Bibliotecária Juliana da Silva Mauro - CRB6/3684

P436i   Pereira, Barbara
           Alienação parental no ordenamento jurídico / Barbara
           Pereira. - Belo Horizonte : Letramento, 2023.
           56 p. : il. ; 14cm x 21 cm.

           Inclui Bibliografia.
           ISBN 978-65-5932-343-2

           1. Alienação parental. 2. Direito de família. 3. Crianças
           e adolescentes. 4. Direito. I. Título.

           CDU: 347.63
           CDD: 346.017

Índices para catálogo sistemático:
1. Relações familiares - Paternidade 347.63
2. Relações familiares - Paternidade 346.017

LETRAMENTO EDITORA E LIVRARIA
Caixa Postal 3242 – CEP 30.130-972
r. José Maria Rosemburg, n. 75, b. Ouro Preto
CEP 31.340-080 – Belo Horizonte / MG
Telefone 31 3327-5771

Dedico este trabalho, com muito carinho, aos meus avós, a minha mãe, a minha tia, aos meus irmãos e familiares que compreenderam minha ausência e silêncio, que me encorajaram a enfrentar os desafios, possibilitando-me a realização dessa conquista, apoiando-me em momentos difíceis e de superação. Aos professores e colegas pelo conhecimento e experiência compartilhadas.

AGRADECIMENTOS

Agradeço primeiramente a Deus, pois somente ele carregou todas as minhas fraquezas durante toda esta jornada.

Aos meus avós, Maria das Dores Bezerra Pereira e José Pereira Filho que estavam sempre presente em minha vida, diretamente contribuindo para este sonho hoje se tornar-se realidade.

A minha mãe, Francisca Bezerra Pereira, que contribuiu de todas as formas possíveis para que eu não desistisse da caminhada e a minha Tia Maria de Lourdes Bezerra Pereira que de diversas maneiras me apoiou e seguiu junto comigo para que eu pudesse concluir mais um sonho com sucesso.

Aos meus irmãos, Antônio Elvis Bezerra Pereira, Samuel Bezerra Pereira e Expedito Erlon Bezerra Pereira e a minha Cunhada Lucimara Costa, pelo incentivo e que não pouparam esforços para me auxiliar na colaboração deste trabalho.

Agradeço aos meus Chefes Diretos e Indiretos, João César Pontes, Sandra Solon, Firmo Araújo, Mônica Nobre, Roberto

Freire e Rodrigo Cacau, pelas experiências compartilhadas, pelas orientações e compreensão nos meus momentos de estudo com carinho e apoio, não mediaram esforços para que eu chegasse até esta etapa da minha vida.

As minhas amigas de sala, Yane Rodrigues de Paula, Lara Luana Freitas e Marina Melo, e aos meus amigos de Jornada, que viram meu crescimento enquanto pessoa, enquanto amigo, enquanto estudante, que me apoiaram em busca de novas conquistas e sonhos.

Aos Professores de forma geral pela dedicação e sabedoria transmitida.

A professora orientadora Daniela Lima pelo encorajamento e sabedoria transmitida na realização desse trabalho.

A coordenadora do curso, Professora Ana Isabel Modena, que durante 05 anos nos prestou todo apoio acadêmico que lhe foi possível na realização deste Sonho .

E a todos que direta ou indiretamente fizeram parte da minha formação, o meu muito obrigado.

*"A vida sem luta é um mar morto no
Centro do organismo universal."*

Machado de Assis

SUMÁRIO

- 13   **1. INTRODUÇÃO**
- 15   **2. CONCEITOS DA ALIENAÇÃO PARENTAL**
- 18   2.1. DIFERENÇA ENTRE SÍNDROME DA ALIENAÇÃO PARENTAL E ALIENAÇÃO PARENTAL
- 20   2.2. CRITÉRIOS DE IDENTIFICAÇÃO
- 21   2.3. A PROTEÇÃO DA CRIANÇA E DO ADOLESCENTE NA CONSTITUIÇÃO DA REPÚBLICA FEDERATIVA DO BRASIL E NO ESTATUTO DA CRIANÇA E DO ADOLESCENTE
- 23   **3. EFEITOS DA ALIENAÇÃO PARENTAL**
- 25   3.1. FALSAS MEMÓRIAS
- 26   3.2. CARACTERÍSTICAS DO GENITOR ALIENANTE E DO GENITOR ALIENADO
- 27   3.3. GUARDA COMPARTILHADA COMO INSTRUMENTO PARA A REDUÇÃO DA ALIENAÇÃO PARENTAL
- 30   3.4. RESPONSABILIDADE CIVIL DECORRENTE DA ALIENAÇÃO PARENTAL
- 33   **4. ANÁLISES DE DECISÕES JUDICIAIS SOBRE O TEMA DA ALIENAÇÃO PARENTAL**
- 36   4.1. ASPECTOS PROCESSUAIS E A DIFICULDADE DE PRODUZIR PROVAS
- 39   4.2. PERÍCIA MULTIDISCIPLINAR
- 42   4.3. OS EFEITOS DA SEPARAÇÃO/DIVÓRCIO SOBRE OS FILHOS
- 45   **5. CONSIDERAÇÕES FINAIS**
- 49   **REFERÊNCIAS BIBLIOGRÁFICAS**

1. INTRODUÇÃO

Os estudos sobre a síndrome da alienação parental não começaram no Brasil. Entretanto, no país, embora em outra cultura e contexto, a síndrome da alienação parental tem se apresentado da mesma forma. Na verdade, tem sido imposta em razão das problemáticas apresentadas nos tribunais locais, que as encara de forma real e séria.

Como tudo no Direito é dinâmico, por nova época, cultura e costumes, as grandes dificuldades de matérias não regulamentadas, e às vezes até não compreendidas, se alertam nos tribunais brasileiros, as quais por sua vez, atuam pelo bem do direito e da humanidade.

É a dinâmica do Direito, que caminha com as novas realidades da vida. Assim, embora a matéria efetivamente reconhecida se busque deslindar os seus momentos de origem, apresentação, entendimento e sequelas que se somam às muitas já existentes e não necessárias aos jovens que já são massacrados pela sociedade e realidade brasileira), bem como sua regulamentação na esfera jurídica.

Muitas vezes, a perda do direito e proteção à vida (digna e feliz); e aos pais, o direito ao poder familiar que deve ser certamente e regularmente exercido.

Pretende-se, com este trabalho, não esgotar todas as fontes de esclarecimento da síndrome da alienação parental, que ainda haverá de muito se alterar; mas tentar levar a todos; pais, profissionais, pessoas diretamente ligadas aos problemas, que tenham a adição de uma elucidação básica da grande problemática, com consciência e força, para saber exatamente contra o que se deve lutar!

2. CONCEITOS DA ALIENAÇÃO PARENTAL

A Síndrome de Alienação Parental é um transtorno psicológico que se caracteriza por um conjunto de sintomas, pelos quais um genitor, denominado alienador, transforma a consciência de seus filhos mediante diferentes formas e estratégias de atuação para gerar pensamentos negativos a respeito do outro genitor, com o objetivo de impedir ou destruir seus vínculos com o outro.

Em outras palavras, consiste num processo de programar uma criança para que ela venha a criar sentimentos ruins de seus genitores sem justificativas, de modo que o(a) menor ingresse na trajetória de desmoralização desse mesmo genitor. Contudo, pode-se dizer que o alienador "educa" os filhos com avaliações negativas contra o outro genitor, seu pai ou sua mãe, até conseguir que eles, de modo próprio, levem a cabo esse rechaço.

Dias (2011, p.27) afirma que:

> A família é uma construção cultural, dispõe de estruturação psíquica na qual todos ocupam um lugar, possuem uma função, lugar do pai, lugar da mãe, lugar dos filhos - sem entretanto estarem ligados biologicamente. É essa estrutura familiar que interessa investigar para o direito. É a preservação do lar no seu aspecto mais significativo: lugar do afeto e respeito.

Este tema desperta a atenção dos leitores, pois esta prática vem sendo denunciada de forma recorrente, sendo um dos temas que vem progredindo nos meios de comunicação, pois deixou de ser chamado de birra de criança e passou de fato a ser visto com gravidade, a origem está ligada à intensificação das estruturas de convivência familiar, o que fez surgir em consequência uma maior aproximação dos pais com os filhos. Desta forma, quando a separação dos genitores passou a ter entre eles uma disputa pela guarda dos filhos, o que antes era um laço de união familiar, visto como um vínculo impensável até algum tempo atrás. Antes, a naturalização da função materna levava que os filhos ficassem sob a guarda da mãe. Ao pai, restava o direito de visitas em dias predeterminados, normalmente em fins de semana alternados. alguns desses acordos são realizados verbalmente ou judicialmente, a reaproximação a qual por sua vez criava um vínculo de cumplicidade que somente a convivência traz.

Suaviza-se os elos de afetividade, ocorre o distanciamento entre as partes, e isso torna as visitas vazias e sem sentido algum, pois muitas vezes o genitor ou a genitora não consegue manter um vínculo de confiança com os filhos. Portanto, os encontros acabam sendo taxados como obrigação para o pai ou para quem ficar com o direito de visitas. Agora, se vive em outra era, o conceito de família mudou, após o tema vir aos meios de comunicação, muitas pessoas começaram a entender melhor o quão grave a alienação parental é.

Graças ao tratamento interdisciplinar que vem recebendo o Direito de Família, passou-se a ter maior atenção às questões de ordem psicológica, principalmente infantil, permitindo o reconhecimento de dano afetivo pela ausência de convívio com um dos genitores. Assim, quando da separação, o pai passou a reivindicar a guarda da prole, o estabelecimento da guarda conjunta, a flexibilização de horários e a intensificação das visitas. No entanto, muitas vezes, a ruptura da vida conjugal gera no outro o sentimento de abandono, de rejeição, de traição, surgindo uma tendência vingativa muito grande, vale ressaltar ainda que o número de mulheres que assume as responsabilidades familiar e educa os filhos ainda é alto.

De acordo com Buossi (2012, p.122):

> Elencar todos os exemplos de alienação parental seria praticamente impossível, haja vista a quantidade de facetas que podem ser utilizadas pelo alienador na sua tarefa de afastar seu filho de outrem, cada qual com suas possibilidades no caso concreto. É notório que esta Lei não exterminará essa conduta da Alienação Parental, entretanto tem-se que destacar sua importância para o sistema judiciário, uma vez que, o objetivo maior da Lei da Alienação Parental é minimizar e sancionar punições compatíveis à necessidade, não apenas como meio disciplinar, mas principalmente educativo a esses alienadores.

O possuidor da guarda, ao destruir a relação do filho com o outro, assume o controle total, o outro genitor passa a ser considerado um invasor, que precisa ser afastado a qualquer preço. Este conjunto de manobras confere o prazer ao alienador, de promover a destruição do antigo parceiro, pois para o alienador, causar o afastamento entre o outro e a criança é uma grande conquista, uma forma de vingança pessoal. Neste jogo de manipulações, todas as armas são utilizadas, o filho é convencido da existência de um fato e levado a repetir o que lhe é informado como tendo realmente acontecido. Nem sempre a criança consegue discernir que está sendo manipulada e acaba acreditando naquilo que lhe foi repassado de forma insistente e repetida.

2.1. DIFERENÇA ENTRE SÍNDROME DA ALIENAÇÃO PARENTAL E ALIENAÇÃO PARENTAL

A síndrome de alienação parental vem ocorrendo com bastante frequência na sociedade atual, que se caracteriza por um elevado número de separações e divórcios, o que afeta bastante o vínculo familiar, Ela costuma ser rompida nos movimentos de separação de copos ou divórcio do casal, mas sua descrição ainda constitui novidade, sendo pouco conhecida por grande parte dos operadores do direito, a síndrome da alienação parental é um tema recente que vem trazendo polêmicas.

A síndrome da alienação Parental foi definida pela primeira vez nos Estados Unidos e está teoricamente associada ao nome de Richard Gardner. pouco tempo depois, foi expandido na Europa, a exposição da síndrome da alienação parental está diretamente ligada ao crescimento da família, surgindo como resultado da atual estrutura familiar atual, manifestando principalmente a partir do rompimento dos relacionamentos afetivos, que dão início aos impactos e sentimentos inverso entre os genitores.

Em seu artigo Dias (2010) destaca:

> Este tema começa a despertar a atenção, pois é prática que vem sendo denunciada de forma recorrente. Sua origem está ligada à intensificação das estruturas de convivência familiar, o que fez surgir, em consequência, maior aproximação dos pais com os filhos.

Trata-se de verdadeira campanha para desabonar o genitor. O filho é utilizado como instrumento de dificuldade direcionada ao parceiro. A mãe ou pai fiscaliza o tempo do filho com o outro genitor , bem como os seus sentimentos para com ele. Não resta dúvida que a Síndrome de Alienação Parental é uma forma de maltrato ou abuso, para a qual os especialistas devem estar atentos.

A Alienação Parental é a expedição de desmoralização feita por um genitor em relação ao outro, geralmente a mulher, uma vez que, esta normalmente detém a guarda do filho, ou por alguém que detenha a guarda da criança. É utilizada uma verdadeira técnica continua que gera pressão psicológica no filho, para que esse passe a odiar e excluir da sua vida o pai e, vale ressaltar que atualmente a alienação parental também é causada por homens que detém a guarda dos filhos, esses casos são minoria, tendo em vista o número de casos de abandono paterno, dessa maneira, afaste-se do genitor. Isso é usado como meio vingança após a separação, quando uma das partes não se conforma com o final do relacionamento.

Ocorre ainda que o desejo de vingança e o prazer de que o outro se torne infeliz se torna uma meta, que um dos genitores acaba utilizando o próprio filho como meio de retaliação, pois nada pior do que ser visto com rancor pela sua prole. O resultado das consequências desta situação para as crianças, são devastadoras e muitas vezes irreversíveis, trazendo-lhes sérios transtornos psicológicos para o resto da vida.

Vale destacar a diferença entre Alienação Parental e a Síndrome da Alienação Parental - SAP, sendo a primeira como a campanha difamatória, feita pelo alienador com intuito de afastar os filhos do alienado, e a segunda consiste nos problemas comportamentais, emocionais e em toda desordem psicológica que surge na criança após o afastamento e a desmoralização do genitor alienado.

2.2. CRITÉRIOS DE IDENTIFICAÇÃO

A Síndrome de alienação parental é um fenômeno que se manifesta principalmente no ambiente da mãe, devido à tradição de que a mulher é mais indicada para exercer a guarda dos filhos, notadamente quando ainda pequenos. Entretanto, ela pode incidir em qualquer um dos genitores e, num sentido mais amplo, pode ser identificada até mesmo em outros cuidadores.

> "Segundo pesquisa do IBGE, feita em 2002, 91% dos casos de alienação parental são praticados por mulheres. E acredito que esta pesquisa não tenha variado muito aos dias de hoje. Mas a SAP pode ser instaurada também pelo genitor não guardião, que manipula afetivamente a criança nos momentos da visitas, para influenciá-las a pedir para irem morar com ele dando, portanto, o subsídio para que o alienador requeira a reversão judicial da guarda".(BRASIL, 2002).

A SAP pode ser instaurada por um terceiro, interessado, por algum motivo. Caso o alienador seja um parente, existirá alguma psicopatologia estrutural da pessoa, ou dos vínculos familiares, para que haja indução do genitor a implantar a Síndrome da Alienação Parental contra outro genitor, usando a criança para isso.

A Síndrome de Alienação Parental possui a probabilidade de acontecer em famílias multidisfuncionais. Quando uma família possui uma dinâmica muito conturbada, a Síndrome de Alienação Parental pode se manifestar como uma tentativa desesperada de busca de equilíbrio familiar. Ademais, como a SAP acaba mobilizando familiares, amigos, vizinhos, profissionais e as instituições judiciais, existirá sempre a fantasia de que essas pessoas ou órgãos, de alguma forma, irão restabelecer a estrutura familiar que já não existe mais. Neste contexto, a Síndrome de Alienação Parental é palco de vinganças recônditas relacionadas aos conflitos familiares inconscientes ou mesmo conscientes, que se espalham por todo núcleo familiar, atingindo principalmente as crianças.

2.3. A PROTEÇÃO DA CRIANÇA E DO ADOLESCENTE NA CONSTITUIÇÃO DA REPÚBLICA FEDERATIVA DO BRASIL E NO ESTATUTO DA CRIANÇA E DO ADOLESCENTE

O Estatuto vem para garantir a proteção integral à criança e ao adolescente, zelando por seus direitos fundamentais, tais como o direito à vida, à saúde, à Liberdade, ao Respeito e à Dignidade e seu direito de convivência familiar, e ainda seu desenvolvimento sadio e harmonioso (ECA 7º), com o prejuízo de que caso esses direitos não sejam atingidos, de alguma forma prejudique o desenvolvimento físico, mental, moral, espiritual e social desta criança. O ECA em seu artigo 4º diz que é dever da família, aliás não somente desta da sociedade e do poder público assegurar com absoluta prioridade, a efetivação dos direitos referentes à vida, à saúde, à alimentação, à educação, ao esporte, ao lazer, à profissionalização, à cultura, à dignidade, ao respeito, à liberdade e à convivência familiar.

A grande evolução das ciências que estudam o psiquismo humano veio encarar a decisiva influência do contexto familiar para o desenvolvimento sadio de pessoas em formação. Assim passou-se a se falar em paternidade responsável. Consequentemente a convivência dos filhos com os pais não é direito, é dever. Não há direito de visitá-los, há obrigação de conviver com eles. Assim, então quando ocorre uma separação entre os pais, e um deles decide pelo afastamento do outro, articulando o desamor desta criança com seu genitor (a), vai contra diretamente a todos os direitos fundamentais a esta criança.

> "A Síndrome da Alienação Parental que atinge diretamente todos esses "Direitos Fundamentais" está cada vez mais presente no cotidiano dessas crianças, restando ao Judiciário protegê-las. Por isso a Constituição enumera quem são os responsáveis a dar efetividade a esse leque de garantias; a família, a sociedade e o Estado. A Constituição (artigo 227) e a ECA acolheram a doutrina da proteção integral. Modo expresso, crianças e adolescentes foram colocados a salvo de toda forma de negligência. Transformaram-se em sujeitos de direitos e foram contemplados com enorme número de garantias e prerrogativas. Mas direitos de uns significam obrigações a outros, o ECA garante a estas crianças e adolescentes o direito de serem criados e educados no seio de sua família". (ECA 19). (BRASIL, 2010).

O conceito atual da família, exige dos pais o compromisso de criar e educar os filhos sem lhes omitir o carinho necessário para a formação plena de sua personalidade, omissão do genitor em cumprir as tarefas decorrentes do poder familiar, deixando de atender ao dever de ter o filho em sua companhia e compartilhar com a criança momentos afetivos, produz danos emocionais principalmente ao menor, Profunda foi à reviravolta que produziu, não só na justiça, mas nas próprias relações entre pais e filhos, pois à nova tendência da jurisprudência passou a impor ao pai o dever de pagar indenização a título de danos morais ao filho, que pela falta de convívio social, mesmo que venha atendendo ao pagamento da pensão alimentícia, pois podemos entender que não basta apenas o genitor (a) contribuir com os alimentos, é necessário também possuir convívio afetivo.

Desta forma, o dano à dignidade humana do filho em estágio de formação deve ser passível de reparação material, não apenas para que os deveres parentais deliberadamente omitidos não fiquem impunes, mas, principalmente, para que no futuro qualquer inclinação ao irresponsável abandono possa ser dissuadida pela firme posição do Judiciário, ao mostrar que o afeto tem um preço muito alto na nova configuração familiar.

3. EFEITOS DA ALIENAÇÃO PARENTAL

Os efeitos podem ser, aversão social, depressão, dificuldade na aprendizagem, maior probabilidade de uso de álcool e drogas, pensamentos que possam instigar o suicido, ódio, dentre outros sentimentos ruins. Esses efeitos são difíceis de citar, pois, podem surgir efeitos diferentes em cada pessoa que passa pela Síndrome da Alienação Parental, vai depender também do grau de desgaste familiar, Uma vez que a criança atingida pelos efeitos, cresce abominando o outro genitor, pois acredita na história fictícia criada pelo alienador, e futuramente a tendência é que essa criança faça a mesma coisa com seus filhos. Por diversas vezes, esses efeitos passam despercebidos pelos genitores e familiares.

A Síndrome da Alienação Parental é consequência do abuso psicológico e efeitos do afastamento do filho de um dos genitores. Na impulso de prejudicar e afetar o alienado, o alienante acaba empregando o filho como instrumento, gerando sequelas psicológicas graves, tornando a criança a principal vítima da separação situação. Há uma autoridade do alienador sobre o filho, em que aquele faz e decide tudo, tornado a criança totalmente dependente dele.

O mesmo destaca que as crianças vítimas da Síndrome da Alienação Parental transmite os sentimentos negativos do genitor alienador, o que faz com que muitas crianças ou até mesmo jovens possuam sentimentos de abandono e traição, desta forma, com o passar do tempo, as mesmas acreditam que o genitor afastado é o torpe, o vilão da história, Diante de tal quadro, a criança passa a apresentar comportamentos preocupantes, que pode ser o início da síndrome.

> Na concepção de Maciel (2010, Pag. 12), "sintetizando, a síndrome de alienação parental é um modo de programar uma criança para que ela passe a odiar um de seus genitores, sem haver justificativa para isso, de modo que a própria criança ingresse na trajetória desmoralizadora desse mesmo genitor".

Essas vítimas da Síndrome da Alienação Parental podem se tornar pessoas com problemas gravíssimos, tais como, depressão, transtornos de identidade, comportamento hostil, desorganização mental, e muitas vezes podem até chegar a pensar em suicídio, a vítima pode apresentar diversos sintomas a quais podemos acrescentar a ansiedade, de início, a criança pode ficar deprimida, nervosa, e, principalmente, agressiva.

Como se nota, são muitos os problemas causados às vítimas de Alienação Parental. Por isso, o ideal é que se faça de tudo para evitá-la e, caso isso não seja possível, devem ser tomadas as medidas judiciais necessárias para que ela cesse e que se retome o vínculo com o genitor alienado. O legislador atentou-se a isso e colocou no artigo 6º e nos seguintes a Lei 12.318/2010 as alternativas judiciais cabíveis para os casos de Alienação Parental.

3.1. FALSAS MEMÓRIAS

O tema das memórias fictícias merece destaque e aprofundamento, visto que é um artifício muito utilizado pelos alienantes e um dos mais cruéis, principalmente quando as falsas memórias implantadas são referentes ao abuso sexual. A criança cresce com falsas memórias do outro genitor, acreditando sempre que aquele nunca a amou, e jamais quis estar próximo ou manter qualquer vínculo afetivo, Neste momento tudo é valido, inclusive as manipulações, todas as armas são utilizadas, com bastante frequência, o alienador sempre terá armas traiçoeiras, primeiro ele analisará o perfil da criança, em seguida o alienador tocará no ponto mais franco, pois o intuito dele é fazer a criança criar falsas memórias do outro genitor e acreditar que este é a pior pessoa para estar próximo de si.

> "[...] a criança "lembra" sensações e impressões de momentos que jamais existiram. A intenção não é mentir sobre algo, visto que o indivíduo realmente acha que tais fatos ocorreram sobre a implantação das falsas memórias, especificamente sobre os casos de abuso sexual, refere que a narrativa de um episódio durante o período de visitas que possa configurar indícios de tentativa de aproximação incestuosa é o que basta. Extrai-se deste fato, verdadeiro ou não, denúncia de incesto". (TRINDADE, 2015, p, 17)

O filho é convencido da existência de um fato e levado a repetir por diversas vezes o que lhe é dito, como tendo realmente acontecido, isso faz com que as falsas memórias tornem fatos aparentemente verídicos, Esse tipo de estratégia utilizada pelo alienador é muito eficaz para o afastamento dos filhos em relação ao alienado, o que quase sempre dar certo, o que pode acarretar suspensão nas visitas, mesmo que os fatos ainda não tenham sido confirmados, basta apenas uma denúncia.

Durante a investigação, o que possui uma demora significativa, pois as autoridades precisam manter o sigilo e agir cuidadosamente, uma vez que a vida afetiva de uma criança estar em jogo, até que se comprove que a denúncia seja falsa, o afastamento entre o genitor e o filho teve um tempo elevado, evoluindo para um quadro mais grave de Síndrome da Alienação Parental, é bastante complicado, isso torna o quadro mais gravoso e mais delicado de analisar.

3.2. CARACTERÍSTICAS DO GENITOR ALIENANTE E DO GENITOR ALIENADO

Antes de estabelecer características que identifiquem o perfil do alienador é interessante expor algumas considerações quanto quem pode figurar como sujeitos ativos e passivos da alienação parental. Desta forma, podem incorrer na prática da alienação parental os genitores ou quem possa se utilizar de sua autoridade, guarda ou vigilância sobre a criança ou adolescente com o intuito de prejudicar um dos genitores. Por outro lado, podem figurar na condição de alienado, um dos genitores.

Freitas (2012, p. 37) relata que o alienador apresenta comportamentos característicos, tais como:

> "[...] grande impulsividade e baixa autoestima, medo de abandono repetitivo, esperando sempre que os filhos estejam dispostos a satisfazer as suas necessidades, variando as expressões em exaltação e cruel ataque. (CUENCA, 2008 apud

FREITAS, 2012) Além dessas características apresentam ainda sentimentos de destruição, ódio, raiva, inveja, ciúmes, incapacidade de gratidão, e superproteção dos filhos. O comportamento do alienador pode acarretar danos irreparáveis que só poderão ser minorados com a sua identificação e tratamento tanto da criança ou adolescente como também do alienador e do genitor alienado".

O alienador tem como objetivação denegrir e desmoralizar o genitor alienado, e privar a criança ou adolescente ao convívio como todo o núcleo familiar e afetivo do qual fazem parte. Inicia com a restrição do contato da criança ou adolescente com o genitor alienado, até a sua supressão total.

3.3. GUARDA COMPARTILHADA COMO INSTRUMENTO PARA A REDUÇÃO DA ALIENAÇÃO PARENTAL

A guarda pode ser atribuída como um poder, e pode também ser considerado um dos aspectos mais importantes da ação de divórcio. Até o rompimento do relacionamento do casal a guarda é exercida pelos companheiros com relação aos filhos, ou seja, guarda unilateral, porém, com a dissolução conjugal, os pais precisam acordar com quem ficará a guarda dos filhos, cabendo ao outro direito de visitas, férias escolares, feriados, vale ressaltar que tudo deverá ser acordado entre os pais, ou se a separação for de maneira saudável, podem acordar uma guarda compartilhada.

"Para determinar o detentor da guarda [unilateral], existe uma série de circunstâncias a serem verificadas, como aquelas que dizem respeito à comodidade do lar, ao acompanhamento pessoal, a disponibilidade de tempo, ao ambiente social onde permanecerão os filhos, às companhias, à convivência com outros parentes, à maior presença do progenitor, aos cuidados básicos, como educação, alimentação, vestuário, recreação, saúde (esta não apenas curativa, mas principalmente preventiva); ainda, quanto às características psicológicas do genitor, seu equilíbrio, autocontrole, costumes, hábitos, companhias, dedicação para com o filho, entre diversas outras". (RIZZARDO, 2004, p. 334).

A guarda compartilhada é considerado um regime obrigatório de custódia dos filhos, salvo algumas exceções previstas em lei, a fixação deverá ocorrer mesmo quando os pais morarem em cidades diferentes, especialmente porque esse regime não exige a permanência física do menor em ambas as residências, o que traz uma flexibilidade na definição da forma de convivência com os genitores, vale ressaltar que a responsabilidade dos genitores na guarda compartilhada permanece igualitária.

Comumente ocorre nos casos de guarda unilateral, da mãe ser a guardiã e o pai contenta-se com o simples direito de visitas nas datas estipuladas. Entretanto, não é possível exercer a paternidade em tão poucos momentos, afinal o desenvolvimento dos filhos não espera o dia determinado para a visita. A guarda compartilhada é uma solução para esta problemática, vez que nesta modalidade não há fixação de um guardião, ambos os genitores são detentores do poder familiar.

> "Quando se iniciam disputas emocionais e judiciais em torno da guarda, muitas vezes associada à ideia de posse dos filhos, acirram-se os ânimos entre os ex-cônjuges. Estes tendem a se utilizar de diversos tipos de estratégias para provarem sua superioridade e poder, como ameaças e mecanismos de força para coagir um ao outro e, dessa forma, oprimirem e agredirem os que estão ao seu redor, sem medir os efeitos de suas verbalizações e ações, principalmente sobre os filhos" (DUARTE, 2013, p. 149).

Quanto a alienação parental, a guarda compartilhada é uma solução para que esse tipo de ação seja evitada, vez que para que seja possível exercer este tipo de guarda, os genitores precisam manter um contato saudável e saber diferenciar a separação conjugal do relacionamento com os filhos, fazendo com que a criança tenha boas memórias de ambos, pois o relacionamento sadio também precisa ser mantido com os filhos.

> "Com a convivência em vez de visita, certamente será evitada a mazela da síndrome da alienação parental, principalmente na guarda unilateral, pois o genitor não guardião, em vez de ser limitado há certos dias, horários ou situações, possuirá livre acesso ou, no mínimo, maior contato com a prole. A própria

mudança de nomenclatura produz um substrato moral de maior legitimação que era aquele de visitante. O não guardião passa a ser convivente com o filho". (FREITAS, 2014, p. 96).

É importante que ambos os genitores mantenham laços de afeto e participem das ações na vida de seus filhos, mantendo-se um convívio sadio através da guarda compartilhada. É fundamental para o desenvolvimento das crianças a manutenção dos vínculos afetivos. A tendência é que a criança construa esse laço justamente com quem cuida dela, porém, isso não quer dizer que ela não possa criar um laço de proteção e amparo com o outro genitor, pela necessidade de segurança. Será essa presença a responsável pela vinculação de afeto, o que traz a importância da guarda compartilhada.

No início da dissolução há sempre uma resistência de mães e pais a aderir voluntariamente à guarda compartilhada. Pois ao contrário da ideia difundida pelo senso comum, de que a criança ter duas casas, duas famílias pode trazer danos, Todavia alguns estudos comprovam que para elas a referência mais importante não é geográfica, e sim familiar, tendo em vista que ao sentir que tanto a casa da mãe quanto a do pai é seu lar gera na criança um sentimento de conforto e proteção por ambos, independente da guarda ser compartilhada ou unilateral.

Mendonça (2014, p. 112), jornalista, escritora e roteirista, faz sua narrativa:

> "Como mãe de dois, optei prontamente pela guarda compartilhada quando me separei do pai de meus filhos. Eles ainda eram pequenos, numa idade em que não seria difícil transformar sua realidade, convencer-lhes das minhas próprias convicções. Independentemente dos rumos que meu casamento tomou não os fiz sozinha e, principalmente, jamais me senti "dona" deles. Como madrasta, sempre incentivei meu segundo marido a conviver ao máximo com sua filha, com quem convivo desde que ela tinha quatro anos. A presença dela em nossa casa é necessária para que nossa (nova) família esteja completa".

É certo que a guarda compartilhada confere modificação na rotina da criança, contudo, vale ressaltar que na atualidade, as crianças passam grande parte do tempo longe de casa, geralmente ficam sob os cuidados de creches, de babás ou de familiares, os mais comuns são avós, e mesmo assim, as crianças sabem diferenciar as regras de cada espaço, Outra questão, a qual a lei regulariza é que a guarda compartilhada, que pode ser aplicada independentemente do consenso entre os pais, sendo importante a sensibilização dos pais, para que estes concordem que devem ter uma responsabilização em conjunto.

3.4. RESPONSABILIDADE CIVIL DECORRENTE DA ALIENAÇÃO PARENTAL

Ocorre uma enorme dificuldade em ajustar quais são os requisitos essenciais para figurar responsabilidade. Quando se trata de responsabilidade civil, a conduta do alienador causador do dano, surgindo daí o dever de reparação de dano afetivo. Que se configura a partir do momento a qual a conduta do agente traga sofrimento a pela vítima.

> "A teoria da responsabilidade civil baseia-se na presença de três elementos fundamentais: a culpa, de forma que só o fato lesivo intencional ou imputável ao agente deve autorizar a reparação; o dano, com lesão provocada ao patrimônio da vítima, e o nexo de causalidade entre o dano e o efetivo comportamento censurável ao agente [...]". (PEREIRA, 2013, p. 38).

O dolo também pode se fazer presente na responsabilidade civil. existe quando existe intenção de causar dano, no caso da alienação parental o alienante deseja o resultado e age na intenção de provocá-lo. Desta forma podemos citar os pressupostos da responsabilidade civil, a seguir apresento-os, a conduta humana que é ação ou omissão, o nexo de causalidade, o dano e a culpa. A relação de causalidade é o liame entre o ato lesivo do agente e o dano ou prejuízo sofrido pela vítima. A conduta humana, seja ela ação ou omissão, é o ato da pessoa que causa dano ou prejuízo a outrem. É o ato do agente ou de outro que está sob a responsabilidade do agente que produz resultado danoso seja por dolo, negligência, imprudência ou imperícia. A conduta humana pode ser no sentido da prática por parte do agente de ato que não deveria fazer, ou do fato de deixar de praticar ato que deveria ter feito. O nexo causal ou a relação de causalidade é um dos pressupostos fundamentais para a configuração da responsabilidade civil e do dever de indenizar. Se o dano sofrido não for ocasionado por ato do agente, inexiste a relação de causalidade. Assim, percebe-se uma inclinação a valorar o abandono afetivo, uma vez que o próprio Superior Tribunal de Justiça decidiu neste sentido. Contudo a mesma decisão obteve um voto vencido no qual se argumentava.

> "Alienação parental é uma forma de abuso e põe em risco a saúde emocional e psíquica de uma criança/adolescente. Constatada a sua presença, é imprescindível que o genitor que age dessa forma seja devidamente responsabilizado por usar o filho com finalidade vingativa, mesmo sem se dar conta do prejuízo, muitas vezes irreversível, que causa ao próprio filho". (PEREIRA, 2013, p. 39).

A conduta do agente alienador para causar responsabilidade civil deve comprovadamente acarretar dano ou prejuízo a vítima. Sem o dano não podemos falar em responsabilidade civil, uma vez que sem ele não há o que reparar. O dano é o prejuízo que tem como resultado lesão a um bem ou direito. Sendo a perda ou redução do patrimônio material ou moral do lesado em decorrência da conduta do agente alienador, podendo assim o lesado ser ressarcido para que haja o retorno de sua situação ao estado em que se encontrava antes do dano ou para que seja compensado caso não exista possibilidade de reparação, deve haver uma sensibilidade do Poder Judiciário, pois não se pode comercializar o amor dos pais para com os filhos. A responsabilidade civil pelo abandono afetivo é uma responsabilidade jurídica existente e eficaz, mas não pode criar um interesse maior do que o afeto. Contudo, as indenizações são possíveis e devem ocorrer, uma vez que estamos falando de responsabilidade afetiva, porém necessário muita cautela para que não se torne um negócio visado como lucro, o não afeto dos genitores, Para que exista a responsabilidade civil deve se demonstrar, além da existência do dano, sua certeza e efetividade. A certeza do dano precisa existir para que ninguém seja responsabilizado por danos supostos e incertos. A efetividade relaciona-se à concretização do dano, a necessidade já ter sido verificada e que não esteja amparado por nenhum excludente da responsabilidade.

ns de
4. ANÁLISES DE DECISÕES JUDICIAIS SOBRE O TEMA DA ALIENAÇÃO PARENTAL

A possibilidade de ocorrer a Alienação Parental começou a ser levada em consideração a algumas decisões judiciais, porém sem haver legislação específica. Devido ao número significativo de crianças afetadas por atos de alienadores e das consequências que por sinal são consideradas gravíssimas para elas, é que começou a ser avaliada a propositura de uma lei brasileira para esses acontecimentos.

A Alienação Parental é um tema que traz bastante gravidade e devem ser tomadas todas as medidas para que seja evitado ou amenizado caso ocorra. Desta forma, o legislador dispôs que o indício da mesma já é suficiente para que o juiz mande averiguar o caso, ou seja não é necessário provas para iniciar-se uma investigação. Assim, conforme artigo 5º da Lei 12.318/2010, quando houver indícios da prática de ato de alienação parental, em ação autônoma ou incidental, o juiz, pode determinar a perícia psicológica ou biopsicossocial, caso necessário.

> É tarefa difícil identificar os atos de alienação parental e, justamente pela complexidade necessária na sua elaboração, essa empreitada deve ser delegada a quem tem conhecimento, necessitando o magistrado desse auxílio técnico para compreender e interpretar os fatos que estão envolvidos no litígio (MADALENO E MADALENO, 2013). "Assim, a vivência de profissionais especializados na área de psicologia, assistência social e psiquiatria pode colher dados importantes para respaldar o magistrado em sua decisão [...]" (BUOSI, 2012, p. 129).

É possível perceber uma certa preocupação do legislador em reprimir a Alienação Parental, uma vez que violam os princípios constitucionais que visam proteger a criança, o que pode causar sérios problemas psíquicos em suas vítimas. Contudo havia também uma preocupação com essas graves ocorrências que passarem despercebidas em muitos tribunais, não sendo analisadas pelos julgadores de forma mais atenciosa. Desta forma, com uma lei específica, todos possuem o dever de ficar atentos para tais casos.

Todos os casos no que desrespeita a Alienação Parental devem ser analisados por perícia de um profissional da área, pois não se pode uma vez deixar que ocorra risco de ter um laudo mal formulado, o que de fato prejudicaria o andamento do processo judicial e acarretando mais sofrimento a vítima, afinal estamos tratando de interesse de menor, o que requer bastante atenção e cuidado.

Nos parágrafos do mesmo artigo está disposto como deve ser feita tal análise e por quem:

> "§ 1º O laudo pericial terá base em ampla avaliação psicológica ou biopsicossocial, conforme o caso, compreendendo, inclusive, entrevista pessoal com as partes, exame de documentos dos autos, histórico do relacionamento do casal e da separação, cronologia de incidentes, avaliação da personalidade dos envolvidos e exame da forma como a criança ou adolescente se manifesta acerca de eventual acusação contra genitor".
>
> "§ 2º A perícia será realizada por profissional ou equipe multidisciplinar habilitado, exigidos, em qualquer caso, aptidão comprovada por histórico profissional ou acadêmico para diagnosticar atos de alienação parental".
>
> "§ 3º O perito ou equipe multidisciplinar designada para verificar a ocorrência de alienação parental terá prazo de 90 (noventa) dias para apresentação do laudo, prorrogável exclusivamente por autorização judicial baseada em justificativa circunstanciada".

É muito importante a intervenção de um profissional da área de psicologia é de grande auxílio para resolver litígios de forma menos danosa, Por isso se determina a perícia psicológica no processo, sendo a perícia um conjunto de procedimentos técnicos que tenha como finalidade o esclarecimento de um fato de interesse da Justiça, devendo ser acompanhada um perito "técnico incumbido pela autoridade de esclarecer o fato da causa, auxiliando, assim, na formação de convencimento do juiz para elaborar o laudo, o qual vai ajudar na sua decisão.

Quando houver indícios de Alienação Parental, o trabalho do psicólogo perito consiste na realização de entrevistas individuais e conjuntas, podendo ser aplicado testes caso necessário, com todas as partes envolvidas. Isso é feito com o intuito de avaliar a uma possível existência ou a extensão do dano causado, bem como a estrutura da personalidade de ambos.

O examinador deve investigar a verdade todo contexto exposto a ele, pois cada caso é único e deve ser analisado de maneira criteriosa e individual. A avaliação psicológica pode ser feita levando-se em consideração alguns comportamentos geralmente apresentados pelo alienador. Quais sejam condutas merecem grandes destaques, devendo ser todas elencadas, para que possam ser percebidas nos casos em concreto. Assim, todavia podemos mencionar alguns procedimentos utilizados pelos alienadores, como desvalorizar e insultar o outro genitor na presença dos filhos, podendo ser uma forma de enfraquecer o vínculo com o s filhos.

4.1. ASPECTOS PROCESSUAIS E A DIFICULDADE DE PRODUZIR PROVAS

Há algumas maneiras de provar que a criança está sendo afetada pela alienação parental, como por meio de conversas enviadas por WhatsApp ou e-mail. Contudo, o mais importante é um relatório de um psicólogo que evidencie essa prática. Observada a parte material da Lei, é necessário compreender a maneira processual, por onde os direitos conferidos às crianças e adolescentes serão assegurados.

Também podemos obter como prova conversas com testemunhas, com outros adultos que mantêm contato com a criança ou o adolescente, é o caso por exemplo, de um professor ou líder religioso também pode ser relevante, especialmente nos casos em que o menor já relatou sobre a situação em que vive com tal indivíduo. Não há como efetivar as prerrogativas elencadas pelo ECA e a referida lei, se não observando os moldes processuais, é importante estar sempre atento as principais provas.

As alegações da alienação parental poderá ocorrer em um processo já em tramitação, incidentalmente, em qualquer fase processual, ou ainda em peça autônoma. vale ressaltar ainda que o juiz pode de ofício pode verificar sua ocorrência. todavia, para que seja viável a investigação acerca da alienação parental no curso do processo instaurado, deve ser vista com cautela, conforme (FIGUEIREDO E ALEXANDRIDIS, 2014, p. 97).

> "Acresce-se a isso que mesmo após a fase postulatória pode surgir à alegação. Nesse sentido ficam patentes as seguintes regras, em prol do interesse maior a criança: - para a adição ou modificação do pedido por parte do autor não é necessário o consentimento do réu, a *contrario sensu* do artigo 264[13] do CPC; - pode haver o pedido mesmo após o saneamento do feito, contrariando-se a regra do artigo 264, parágrafo único, CPC; - pode o réu na própria defesa invocar a alegação, ficando patente tratar-se de *pedido contraposto,* sendo desnecessária a vinculação de reconvenção. Entendemos que há um limite, todavia, consistente na proibição da alegação em grau recursal porque representaria a supressão de um grau de jurisdição. Eventual alegação de ofício por parte do tribunal recomendaria retorno dos autos à instância singela para que a questão seja analisada, mesmo porque se trata de matéria fática que induz a produção probatória, o que afasta a aplicação analógica do artigo 515 § 3º, CPC". (PELEJA JÚNIOR, 2010).

Duas espécies de medidas de urgência podem ser deferidas que trata sobre a alienação parental. A primeira é as medidas provisórias mencionadas no art. 4º da norma que, nitidamente, têm a natureza acautelatória. a medida cautelar não deve ser intentada via de ação cautelar autônoma, mas incidentalmente, nos próprios autos principais. A natureza jurídica cautelar é o que importa. No atual estágio processual, não há mais discussões acerca da possibilidade do deferimento de medida acautelatória no hoje de processo, uma vez que a medida cautelar é um procedimento jurídico usado para proteção ou defesa de direitos ameaçados.

Buosi (2012, p. 128), atesta que "os casos de alienação parental são de difícil aferição, principalmente pelo magistrado, haja vista que sua área de formação não é especializada nesse ramo de perícia". Logo, a realização dessas deve ser realizada por perícia psicológica ou biopsicossocial, em consonância com o art. 4.º da Lei nº 12.318/2010.

> "Enquanto o profissional perito ligado à assistência social deve vislumbrar sua prática, verificando as condições e realidade social existentes, certificando-se de qual é a melhor delas para a criança ou adolescente envolvido – situação mais precisamente nos casos de guarda – o profissional perito ligado à psicologia volta-se para os casos de alienação parental, tendo em vista que o objeto periciado nessas ocasiões não se restringe a situações objetivas de estrutura ou realidade social daquela família, e sim aos impactos e às questões subjetivas e psicológicas envolvidas dos parentes que têm ou mantêm a guarda da criança que foi vítima". (BUOSI, 2012, p. 130-131).

A ocorrência de alienação parental, assim como o abuso sexual, são provas extremamente difíceis de produzir. Por isso, faz-se necessário o auxílio de profissionais capacitados para verificar ou não sua existência e saber diferenciar o que são falsas memórias ou relatos verdadeiros de abuso. Diante dessa realidade, projetos como o depoimento especial, vêm ganhando espaço, afinal é necessário desconstituir o ambiente tradicional dos fóruns para que crianças e adolescentes sintam-se à vontade para relatar intimidades e muitas vezes abusos praticados pelos próprios genitores, sem envergonhar-se ou ter sentimento de culpa.

> "Por ser dever ímpar do judiciário promover o bem viver, tem-se a consciência de que a Justiça, na pós-modernidade, não se limita a promover o enfoque formal da lide, definir, decidir, mas, sobretudo, deve buscar a transformação dos conflitos para aliviar situações de ruptura, de tensão, de mágoa e, principalmente, de rancor, como o objetivo de preservar um imprescindível bem durável: a pacífica convivência das pessoas. Dessa forma, reconhece-se que a sentença proferida em sede contenciosa tem efeito positivo para resolver relações isoladas e de cunho interindivi-

dual; contudo somente alcança um fenômeno do passado que não acompanha o desenvolvimento das relações, principalmente, as de cunho familiar". (FILHO, 2014, p. 156).

Contudo, Zamariola (2014, p. 197) pondera: "em primeiro lugar, minha visão é a de que o advogado de família deve ser capaz de perceber que uma sentença judicial, por melhor que seja, jamais será capaz de solucionar plenamente um conflito familiar". Isto é, além de conhecer o processo e a matéria acerca da alienação parental, ainda sim, devem os operadores do direito deixar claro que o processo resolve uma questão pontual, não sendo capaz de reparar os laços familiares; esta missão é incumbência dos operadores, pois decisão judicial nenhuma será capaz de reverter o elo perdido entre as partes e seus filhos, se não houver uma mudança comportamental desses.

4.2. PERÍCIA MULTIDISCIPLINAR

Perícia multidisciplinar é a designação genérica das perícias que poderão ser realizadas em conjunto ou individualmente na ação judicial. A composição é feita por perícias psicológicas, sociais, médicas e quantas mais forem necessárias para o subsídio e certeza da decisão judicial.

"Não é tarefa fácil identificar os atos de alienação parental e maiores dificuldades surgem quando seu estágio extremo envolve alegações de molestações sexuais ou abuso físico da criança ou do adolescente".(MADALENO E MADALENO, 2013, p. 111).

Assim, as lides que envolvem acusações de alienação parental não são possíveis de comprovação, exceto se diagnosticadas e analisadas por peritos especializados na matéria. A prova pericial advém "da necessidade de ser mostrado no processo, o fato que depende de conhecimento especializado, que está acima dos conhecimentos da cultura médica, não sendo suficientes as manifestações leigas de testemunhas […]" (MADALENO E MADALENO, 2013, p. 111).

"A perícia médica tem encontrado sérias dificuldades para operar com a Síndrome de Alienação Parental (SAP) como um diagnóstico médico devido ao pouco especificado caráter psicopatológico e psiquiátrico da síndrome, o que se expressa no fato de que ela, até hoje, não tenha sido incluída em nenhuma classificação de doenças"." Logo, ainda que o juiz não se vincule a prova, assegurado pelo artigo 436[15] do CPC e o princípio do livre convencimento motivado[16], a pericial tem conotação relevante sobre as demais". "A prova testemunhal e depoimentos dos genitores também são importantes, porém podem ser com maior facilidade, distorcidas pelo alienador, afinal ele pode demonstrar uma realidade diferente aos vizinhos, além de ser muito convincente em suas declarações". (MONTEZUMA, 2013, p. 97).

A perícia multidisciplinar, também é conhecida desta maneira, não possui os atributos suficientes para verificar a presença de atos de alienação parental, como também pode promover um tratamento aos envolvidos na problemática, a sentença, por si só, não possui a capacidade de promover uma mudança de atitude nos parentes em litígio, apenas resolve alguns pontos, como o pagamento das verbas alimentícias ou a facilidade nas visitações. Contudo, a parte pedagógica, quer deixar claro aos pais o seu papel e que suas atitudes estão prejudicando seus filhos, é tarefa para os profissionais que compõem a perícia multidisciplinar.

"A complexidade das questões levadas ao judiciário pelas famílias em litígio exige dos profissionais envolvidos na prestação do serviço jurisdicional uma compreensão mais profunda das relações familiares e das transformações operadas na família, nas últimas décadas. É preciso compreender em que medida estas transformações refletem processos sociais mais amplos, atravessados por mudanças nas mentalidades". (VALENTE, 2012, p. 70).

Podemos afirmar que a família vem sofrendo mudanças há algum tempo, e estas mudanças exigem que os profissionais não fechem os olhos para os variados modelos de famílias, muitas vezes o distanciamento de pai e filho, podem ser frutos dessas mudanças ou simplesmente por vontade própria do genitor. neste caso, não há a ocorrência de alienação parental. Nota-se, que é necessária fazer uma análise de profissionais de diversas áreas para entender o ocorrido em cada família, tendo em vista a pluralidade de processos, tipos de famílias e tipos de condutas de cada uma delas.

Perícia psicológica é um exame delicado que se desenrola através da investigação clínica da personalidade associada à análise dos fatos concomitante a dos sujeitos com base nos aspectos psíquicos e subjetivos, de fato é uma investigação cautelosa, que por este motivo requer profissionais éticos, a perícia também vem iluminando pontos conscientes e inconscientes do funcionamento mental dentro da dinâmica emocional experimentada nas relações entre as pessoas, desta forma fica mais fácil conseguir identificar o alienador.

Freitas (2014, p. 66) aduz que:

> "O sigilo profissional é garantia intrínseca dos profissionais da psicologia, serviço social, medicina, direito, entre tantas outras áreas. Contudo, tais profissionais, quando atuam como peritos, não podem ficar receosos por possivelmente violarem as regras de sigilo (e serem sujeitados a processos administrativos por suas categorias) ao trazer para o processo informações dadas pelas pessoas envolvidas que foram por eles visitados ou entrevistados".

Não há quebra de qualquer regra de sigilo, uma vez que o profissional, não for de confiança da parte, pois, desde o início, o profissional na figura de perito é identificado como tanto e aduzido às partes que sua função é relatar ao juiz a realidade, desta forma o profissional precisa ser imparcial.

Em situações em que por meio de uma perícia a alienação parental fica comprovada, medidas deverão ser tomadas pelo magistrado afim de proteger e fazer valer o melhor interesse da criança. Essas medidas podem variadas, desde o encaminhamento para atendimento psicológico e o manejo da convivência com o alienado até a perda da guarda da criança. Cada caso será avaliado individualmente. O psicólogo perito deverá exercer seu papel pautado fundamentalmente nas bases das distinções do seu trabalho que é exercido na clínica com fins terapêuticos e na justiça com fins de contribuir efetivamente ao campo do Direito.

Portanto, a perícia multidisciplinar é um instrumento de grande valia nas lides onde há a acusação de alienação parental, pois na interdisciplinaridade há cooperação e diálogo entre as disciplinas do conhecimento, Ainda que o magistrado possa refutar a prova pericial, na maioria dos casos ela é aceita e, quando comparada com as demais provas colhidas, se conclui a instrução processual. Entretanto, um laudo mal elaborado pode definir um agressor como vítima de alienação parental, deve haver atenção redobrada, optando sempre por profissionais especialistas nestes casos.

4.3. OS EFEITOS DA SEPARAÇÃO/ DIVÓRCIO SOBRE OS FILHOS

Deve-se considerar que o bem-estar dos filhos depende do bem-estar dos pais e que a participação destes no desenvolvimento emocional daqueles é inevitável. Circunstâncias levianas decorrentes da ruptura conjugal que deflagram prejuízos emocionais aos filhos que devem ser consideradas sob o ponto de vista jurídico e psicológico, bem como a presença do Estado.

A família possui seu próprio crescimento, e a pequena criança disfruta de mudanças que advêm da gradual expansão e das tribulações do âmbito familiar. Tanto no âmbito clínico quanto no forense, alguns estudos mostram que os conflitos vividos pelos pais antes e durante o processo de separação causam problemas de ajustamento nos filhos, sendo que o relacionamento dos pais no período pós-divórcio constitui o fator mais crítico no funcionamento da família, pelo fato de ser um período crítico e de adaptação.

A separação de um casal constitui um momento de crise importante na vida da pessoa, tornando-se muito difícil e doloroso até mesmo para a própria pessoa que toma a decisão. Em geral, ocorre uma reação de luto pelo fim da união, por pior que esta pessoa estivesse antes da separação. Mas pode tornar-se pior para aqueles que têm filhos. Embora a separação seja um processo de relação a dois, é bem certo que, numa grande maioria de casos, a decisão pertença apenas a um.

Granato e Lessa chamam a atenção para o fato que a separação de um casal, quando malconduzida, pode acarretar para a vida da criança vária mudanças significativas que, com certeza, exigem tempo para a criança se adaptar e aprender a conviver com as novas situações em sua vida, bem como pode desagregar toda a família e extinguir relacionamentos futuros. A maioria das pessoas relata sentimentos de depressão e angústia intensa, relacionada a dúvidas e mudanças constantes no humor na época da separação.

O enfoque dado pelos terapeutas que atendiam casais em processo de separação era o de levar em conta a problemática dos cônjuges em questão. Mas atualmente muitos estudos e pesquisas têm tido a preocupação de demonstrar os efeitos da separação desses casais nos filhos. É de conhecimento que, quando os pais se separam, a criança ou adolescente enfrenta o medo e as consequências negativas de um lar desfeito. Percebe-se que esses efeitos são prejudiciais e duradouros em ambos.

Podem ser identificado a partir da mudança de comportamento, que vai desde o isolamento ou choro, que aparentemente é sem motivo, até a rebeldia, desobediência ou agressividade. Podemos atribuir incontestáveis razões objetivas e práticas para a separação. Mas seja ela qual for à criança tem total direito de estar ciente do que está acontecendo na relação de seus pais, uma vez que elas fazem parte deste contexto e serão diretamente atingidas com qualquer decisão que venha a ser tomada, desta forma não há o que ser questionado, o quadro de conturbação familiar afeta mais os filhos.

A família experimentou mudanças significativas, envolvendo as formas de constituição, dissolução e reconstituição. Bronfenbrenner comenta que quando os pais se divorciam pode haver prejuízo na relação entre pais e filhos inibindo a capacidade dos mesmos para desempenhar com competência suas funções de cuidado. O autor sugere que o divórcio provoca um aumento da intensidade dos sentimentos negativos afetando a relação afetiva.

Comenta-se que a reciprocidade da relação diminui e o equilíbrio de poder torna-se mais difícil porque os filhos não obedecem aos pais. Ressalta- se que a vulnerabilidade psicológica de crianças e adolescentes, ao conviver com a separação conjugal, foi bastante pesquisada no ano 1978 por Bloom et al, e em 1991 por Wallerstein, já em 1993, por Gilligan, e por Emery em 1994. os efeitos que são identificados nas crianças após à separação dos pais, a principal ação a ser observada é rendimento escolar, a seguir alguns efeitos da cronicidade das respostas de estresse na saúde, isso é realmente consequência da alienação, sendo a experiência de separação extremamente fonte de estressores agudos e crônicos, e importante compreender as implicações desse acontecimento na saúde e o seu papel no aumento dos sintomas psicológicos em crianças filhos de pais separados.

> "[…]. Contudo, como escreveu Wallerstein em "Filhos do Divórcio." Quando os pais decidem pela separação após pensar bem e considerar cuidadosamente as alternativas, quando previram as consequências psicológicas, sociais e econômicas para todos os envolvidos, quando acertaram manter um bom relacionamento entre pais e filhos, então é provável que as crianças não venham a sofrer interferência no desenvolvimento ou desgaste psicológico duradouro". (WALLERSTEIN, 2012, Os Filhos do Divórcio).

Por outro lado, se o divórcio for realizado de modo a humilhar ou enraivecer um dos parceiros, se o ressentimento e a infelicidade dominarem o relacionamento pós-divórcio, ou se as crianças forem mal amparadas ou informadas, se foram usadas como aliadas, alvo de disputa ou vistas como extensões dos adultos, se o relacionamento da criança com um ou ambos os pais for empobrecido e perturbado e se a criança se sentir rejeitada.

5. CONSIDERAÇÕES FINAIS

Com a crescente evolução na seara do Direito de Família, houve alterações tanto em sua formação como em suas problemáticas que são levadas ao Poder Judiciário. Assim, buscou-se no presente trabalho monográfico apresentar o que é a alienação parental aos acadêmicos e profissionais da área do direito, bem como pais, mães, crianças e adolescentes vítimas da alienação parental e demais pessoas que possam vir a criar interesse pelo tema.

Não obstante, se buscou identificar as diferenças entre a Síndrome da Alienação Parental e a Alienação Parental, além das características e consequências deste mal que vem ganhando espaço nas lides do Direito de Família. É importante usar os critérios de identificação, para que ela não venha a ser confundida com outros distúrbios ou até mesmo com atos de abuso sexual. Justamente pela complexidade que a matéria exige, a legislação instituiu a perícia multidisciplinar, a qual tem sido uma grande aliada do Judiciário, tanto na constatação destes atos, como no auxílio para resolvê-los.

Para tanto, foi necessário estabelecer objetivos, os quais foram sendo satisfeitos com leituras doutrinarias, trabalhos acadêmicos e jurisprudências. Conhecer a alienação parental implica no conhecimento dos mais diversos tipos de família no Brasil, bem como ter um conhecimento geral de como ocorre o poder familiar, na busca de garantir o afeto e o melhor interesse das crianças e adolescentes.

Averiguou-se que a guarda compartilhada tem demonstrado ser uma das melhores formas de combater a alienação parental, tanto preventiva quanto em busca de uma solução. Afinal, deste modo, a guarda é exercida em igualdade por ambos os genitores. Ainda que a mesma seja prevista em lei e deva ser a regra, se observou que tem sido exceção, devido à dificuldade que os pais têm de diferenciar o relacionamento que tem/tinham um com o outro e aquele que sempre terão com os filhos.

O fato de um pai distanciar-se de um filho pode ter diversos motivos, dentre eles a alienação parental ou o simples desamor. A jurisprudência já se manifestou e se tem entendido que é possível a responsabilidade civil decorrente da alienação parental. Logo, percebe-se que a matéria gera discussão nas mais variadas formas e aspectos do direito, pois também tem sido usada a alienação parental como matéria de defesa nos casos de abuso sexual. É Importante que os operadores do direito conheçam este instituto, sob a pena de não cumprirem sua principal missão, que é perpetuar a justiça.

As crianças e adolescentes têm sido vítimas deste mal sem ao menos conhecê-lo. Muitos pais e mães sequer percebem que estão sendo vítimas ou alienadores, por tão somente entender ser normal determinadas atitudes. Portanto, o tema gera grande impacto, afinal somente conhecendo-o é possível evitá-lo, combatê-lo e remediá-lo. Com este mesmo intuito, existem movimentos, os quais há anos lutam pela institucionalização de fato, pela a guarda compartilhada, da diminuição dos atos de alienação parental e quaisquer outras prejudiciais aos direitos das crianças e adolescentes.

Por fim, dada a riqueza de informações e estudos sobre a alienação parental, conclui-se que o presente trabalho não esgotou todas as fontes existentes sobre o assunto. Não obstante, não foi possível discutir de forma aprofundada os diversos temas, porém, o leitor terá dimensão da importância de conhecer a problemática e instigar-se a continuar pesquisando sobre o tema.

Os direitos das crianças e adolescentes são encantadores, e facilmente fascinam e instigam sua defesa. Por outro lado, é muito frustrante quando se percebe que diversas vezes os mesmos são subtraídos dentro do próprio lar e por aqueles que deveriam ser seus maiores guardadores, os pais. Para intermediar estas lides, que com frequência tem sido levadas ao judiciário, o operador do direito seja o magistrado, o advogado, ou o promotor de justiça, precisa ser mais sensível ao fato de que muitas vezes o réu também é vítima dele mesmo.

Consequentemente, o vértice deve ser a preservação dos direitos das crianças e adolescentes, num primeiro momento, mas que tão logo sejam reestruturados os laços familiares. O operador do direito precisa compreender esta sistemática multidisciplinar e ter olhos de psicólogo, assistente social, juiz, criança, para dar o melhor parecer possível. Vale lembrar que, nenhuma sentença mudará sentimentos, mas sim fatos isolados. A alienação parental precisa da reeducação dos pais e dos filhos, para que aprendam novamente a amar uns aos outros e este é um desafio ao Judiciário.

REFERÊNCIAS BIBLIOGRÁFICAS

ALMEIDA, João Ferreira de. Trad. **A Bíblia Sagrada** (revista e atualizada no Brasil) 2ª ed. São Paulo. Sociedade Bíblica Brasileira, 1993.

AMASEP. **Principais bandeiras.** [S. l.], 24 jul. 2013. Disponível em: <http:://www.amasep.org.br/index.php/principais-bandeiras1>. Acesso em: 30 out. 2014.

APASE. **Associação de pais e mãe separados.** Abertura. [S. l.] Disponível em: <http:://www.apase.org.br/11000-abertura.htm>. Acesso em: 29 out. 2014.

BARUFI, Melissa Telles. Alienação parental - interdisciplinaridade: um caminho para o combate. In: DIAS, Maria Berenice (Coord.). **Incesto e alienação parental.** 3ª ed. São Paulo: Revista dos Tribunais, 2013. p. 217-239.

BRASIL, **Código Civil (2002)**. Brasília, DF: Senado Federal, 2002. Disponível em: <http:://www.planalto.gov.br/ccivil_03/LEIS/2002/L10406.htm>. Acesso em: 28 maio 2014.

———. **Lei n. 8.069, de 13 de julho de 1990**. Dispõe sobre o Estatuto da Criança e do Adolescente e dá outras providências. *Lex:* Estatuto da Criança e do Adolescente. Disponível em: <http:://www.planalto.gov.br/ccivil_03/Leis/L8069.htm>. Acesso em: 08 nov. 2014.

———. **Constituição (1988). Constituição da República Federativa do Brasil.** Brasília, DF: Senado, 1988. Disponível em: <http:://www.planalto.gov.br/ccivil_03/Constituicao/Constituicao.htm>. Acesso em: 05 jun. 2014.

———. **Lei 11.340, de 07 de agosto de 2006.** Dispõe sobre a criação dos juizados de violência doméstica e familiar contra a mulher e dá outras providencias. Diário Oficial da República Federativa do Brasil. Brasília, DF, 2006. Disponível em: <http:://www.planalto.gov.br/ccivil_03/_Ato2004-2006/2006/Lei/L11340.htm>. Acesso em: 06 jun. 2014.

———. **Lei 11.698, de 13 de junho de 2008.** Altera os arts. 1.583 e 1.584 da Lei 10.406, de 10 de janeiro de 2002 – Código Civil, para instituir e disciplinar a guarda compartilhada. Diário Oficial da Republica Federativa do Brasil. Brasília, DF, 2008. Disponível em: <http://www.planalto.gov.br/ccivil03/Ato2007-2010/2008/Lei/L11698.htm>. Acesso em: 16 out. 2014.

———. **Lei 12.013, de 06 de agosto de 2009.** Altera o art. 12 da Lei no 9.394, de 20 de dezembro de 1996, determinando às instituições de ensino obrigatoriedade no envio de informações escolares aos pais, conviventes ou não com seus filhos. Disponível em: <http:://www.planalto.gov.br/ccivil_03/_ato2007-2010/2009/lei/l12013.htm>. Acesso em: 14 ago. 2014.

———. **Lei 12.318, de 26 de agosto de 2010.** Dispõe sobre a alienação parental e altera o art. 236 da Lei 8.069 de 13 de julho de 1990. Disponível em: <http:://www.planalto.gov.br/ccivil_03/_Ato2007-2010/2010/Lei/L12318.htm>. Acesso em: 14 ago. 2014.

_____. **Lei 12.398, de 28 de março de 2011.** Acrescenta parágrafo único ao art. 1.589 da Lei no 10.406, de 10 de janeiro de 2002 - Código Civil, e dá nova redação ao inciso VII do art. 888 da Lei no 5.869, de 11 de janeiro de 1973 - Código de Processo Civil, para estender aos avós o direito de visita aos netos. Disponível em: <http://www.planalto.gov.br/ccivil_03/_Ato2011-2014/2011/Lei/L12398.htm>. Acesso em: 23 set. 2014.

_____. Superior Tribunal de Justiça. **Recurso Especial nº 2010/0184476-0**, da 3ª Turma. Relatora: Ministra Nancy Andrighi. Brasília, DF, 19 de junho de 2012. Disponível em: <http://:www.stj.jus.br/SCON,jurisprudencia/toc.jsp?tipo_visualisacao=null&livre=anaparental&b=ACORD&thesaurus=JURIDICO>. Acesso em: 21 jun. 2014.a

_____. Superior Tribunal de Justiça. **Recurso Especial nº 2012/1159242/SP**, da 3ª Turma. Relatora: Ministra Nancy Andrighi. Brasília, DF, 24 de abril de 2012. Disponível em: <http://www.stj.jus.br/SCON/jurisprudencia/doc.jsp?livre=abuso+afetivo&r&b=ACOR&p=-true&t=JURIDICO&l=10&i=1>. Acesso em: 28 out. 2014.

_____. **SUBSTITUTIVO**. Disponível em: <http://www.senado.gov.br/noticias/agencia/infos/infosubstitutivo_.htm>. Acesso em: 01 out. 2014. B

_____. Superior Tribunal de Justiça. **Súmula 383**, de 27 de maio de 2009. Disponível em: <http://www.stj.jus.br/docs_internet/VerbetesSTJ_asc.txt>. Acesso em: 17 out. 2014.

_____. **Lei nº 5.869, de 11 de janeiro de 1973**. Institui o Código de Processo Civil. Diário Oficial da República Federativa do Brasil. Brasília, DF, 1973. Disponível em: <http://planalto.gov.br/ccivil_03/leis/l5869compilada.htm.>. Acesso em: 22 out. 2014.

BRASIL ESCOLA. **Movimentos sociais**: uma breve definição. [S. l.]. Disponível em: <http://www.brasilescola.com/sociologia/movimentos-sociais-breve-definicao.htm>. Acesso em: 29 out. 2014.

BUOSI, Caroline de Cássia Francisco. **Alienação parental**: uma interface do direito e da psicologia. Curitiba: Juruá, 2012.

CEZAR, José Antônio Daltoé. A inquirição de crianças vítimas de abuso sexual em juízo. In: DIAS, Maria Berenice (Coord.). **Incesto e alienação parental**. 3ª ed. São Paulo: Revista dos Tribunais, 2013. p. 365-381.

CEZAR-FERREIRA, Verônica A. da Motta. **Família, separação e mediação**: uma visão psicojurídica. 2ª ed. São Paulo: Método, 2007.

COUTO, Lindajara Ostjen. Família de um só? pessoa sozinha pode ser considerada família para a justiça? **Entenda o casamento**. Porto Alegre, 4 de maio 2011. Disponível em: <http://:entendaocasamento.blogspot.com.br/2011/o5/família-de-um-so-pessoa-sozinha-pode.html>. Acesso em: 22 jun. 2014.

CUENÇA, Jose Manuel Aguilar. O uso de crianças no processo de separação. Síndrome de alienação parental. In: **Associação de Pais e Mães Separados**. Cristina Federici (trad.). Out/dez, 2005. Disponível em: <http:://www.apase.org.br/94012-josemanuel.htm>. Acesso em: 17 ago. 2014.

DIAS, Maria Berenice. Incesto e o mito da família feliz. In: DIAS, Maria Berenice (Coord.). **Incesto e alienação parental**. 3ª ed. São Paulo: Revista dos Tribunais, 2013. p. 257-282.

———. **Manual de direito das famílias**. 8. ed. São Paulo: Revista dos Tribunais, 2011.

DICIONÁRIO Aurélio – dicionário de português online. Síndrome. Disponível em: <http://www.dicionariodoaurelio.com/síndrome>. Acesso em: 20 set. 2014.

SOS PAPAI E MAMÃE. **Nossa identidade visual**. [S. l.] Disponível em: <http:://www.sos-papai.org/br_quem.html>. Acesso em 30 out. 2014. a

———. **SOS Papai e Mamãe**. [S. l.] Disponível em: <http://www.sos-papai.org/br_index.html>. Acesso em: 30 out. 2014. B

DINIZ, Maria Helena. **Direito civil brasileiro:** direito de família. 20. ed. São Paulo: Saraiva, 2005.

DUARTE, Lenita Pacheco Lemos. Qual a posição da criança envolvida em denúncias de abuso sexual quando o litígio familiar culmina em situações de alienação parental: inocente, vítima ou sedutora? In: DIAS, Maria Berenice (Coord.). **Incesto e alienação parental**. 3ª ed. São Paulo: Revista dos Tribunais, 2013. p. 143-181.

FÉRES-CARNEIRO, Terezinha. Alienação parental: uma leitura psicológica. In: APASE, Associação de Pais e Mães Separados; PAULINO NETO, Analdino Rodrigues (Org.). **Síndrome da alienação parental:** a tirania do guardião. Porto Alegre: Equilíbrio, 2012. p. 63-68.

FIGUEIREDO, Antonio Carlos. **Vade Mecum Acadêmico da Legislação Brasileira**. São Paulo, 2005. Disponível em: <http://www.direitonet.com.br/dicionário/exibir/981/Vacatio-legis.html>. Acesso em: 20 out. 2014.

FIGUEIREDO, Fábio Vieira; ALEXANDRIDIS, Georgios. **Alienação parental**. 2ª ed. São Paulo: Saraiva, 2014.

FILHO, Gildo Alves de Carvalho. Alienação parental. In: VITORINO, Daniela; MINAS, Alan (Org.). **A morte inventada:** alienação parental em ensaios e vozes. São Paulo: Saraiva, 2014. p. 155-163.

FREITAS, Douglas Phillips. **Alienação parental:** comentários à lei 12.318/2010. 3ª ed. Rio de Janeiro: Forense, 2014. 165 p.

GAMA, Guilherme Calmon Nogueira da. **Princípios constitucionais de direito de família:** guarda compartilhada à luz da Lei 11.698/2008, família, criança, adolescente e idoso. São Paulo: Atlas, 2008.

GARDNER, Richard A. **O DSM-IV tem equivalente para diagnóstico de síndrome de alienação parental (SAP)?** 2002. Tradução para o português por Rita Fadaeli. Disponível em: <http://www.alienacaoparental.com.br/textos-sobre-sap-1/o-dsm-iv-tem-equivalente>. Acesso em: 24 jun. 2014.

GOMES, Jocélia Lima Puchpon. **Síndrome da alienação parental:** o bullying familiar. Leme: Imperium, 2014.

GONÇALVES, Carlos Roberto. **Direito civil brasileiro:** direito de família. 8ª ed. São Paulo: Saraiva, 2011.

JARDIM, Rodrigo Guimarães. **O alcance do sigilo dos laudos médicos na perícia oficial (LEI Nº 8.112/90).** Conteúdo Jurídico, Brasília, 13 abr. 2013. Disponível em: <http://www.conteudojuridico.com.br/?artigos&ver=2.42926&seo=1>. Acesso em: 25 out. 2014.

KUSANO, Susileine. **Da família anaparental:** do reconhecimento como entidade familiar. In: Âmbito Jurídico, Rio Grande, 77, 01 jun. 2010. Disponível em: <http://www.ambitpjuridico.com.br/site/index.php?n_link=revista_artigos_leitra&artigo_id=7559>. Acesso em: 26 ago. 2014.

LÉPORE, Paulo Eduardo; ROSSATO, Luciano Alves. **Comentários à lei de alienação parental:** Lei nº 12.318/10. Jus Navigandi, Teresina, ano 15, n 2700, 22 nov. 2010. Disponível em: <http://jus.com.br/artigos/17871>. Acesso em: 12 out. 2014.

MADALENO, Ana Carolina Carpes; MADALENO, Rolf. **Síndrome da alienação parental:** importância da detecção aspectos legais e processuais. Rio de Janeiro: Forense, 2013.

MENDONÇA, Martha. Filhos: amar é compartilhar. In: VITORINO, Daniela; MINAS, Alan (Org.). **A morte inventada:** alienação parental em ensaios e vozes. São Paulo: Saraiva, 2014. p. 109-114.

MONTEZUMA, Márcia Amaral. Síndrome de alienação parental: diagnóstico médico ou jurídico? In: DIAS, Maria Berenice (Coord.). **Incesto e alienação parental.** 3ª ed. São Paulo: Revista dos Tribunais, 2013. p. 97-114.

NADU, Amílcar. **Lei 12.318/2010.** Lei da alienação parental. Comentários e quadros comparativos entre o texto primitivo do PL, os substitutivos e a redação final da lei 12.318/2010. Direito Integral. 02/09/2010. Disponível em: <http://www.direitointegral.com/2010/09/lei-12318-2010-alienacao-parental.html>. Acesso em: 16 out. 2014.

OSORIO, Luiz Carlos. **Família hoje.** Porto Alegre: Artes Médicas, 1996.

PAI LEGAL. **Pailegal, pai legal ou pai legau?** Quem somos? 28 jun. 2002. Disponível em: <http://www.pailegal.net/quem-somos>. Acesso em: 30 out. 2014.

PAIS POR JUSTIÇA. **Uma história de cidadania:** como conseguimos aprovar a lei de alienação parental, 27 ago. 2010. Disponível em: <pais-

porjustiça.blogspot.com.br/2010/08/uma-historia-de-cidadania-como.html>. Acesso em: 08 out. 2014.

──────. **Nosso movimento**. [S. l.]. Disponível em: <http://paisporjustica.blogspot.com.br>. Acesso em: 29 out. 2014.

PELEJA JÚNIOR, Antônio Veloso. Síndrome da alienação parental: aspectos materiais e processuais. **Jus Navigandi**, Teresina, ano 15, n. 2730, 22 dez. 2010. Disponível em: <http://jus.com.br/artigos/18089>. Acesso em: 21 out. 2014.

PEREIRA, Rodrigo da Cunha. Alienação parental: uma inversão da relação sujeito e objeto In: DIAS, Maria Berenice (Coord.). **Incesto e alienação parental**. 3ª ed. São Paulo: Revista dos Tribunais, 2013. p. 31-40.

PEREZ, Elizio. Breves comentários acerca da lei da alienação parental (lei 12.318/2010). In: DIAS, Maria Berenice (Coord.). **Incesto e alienação parental**. 3ª ed. São Paulo: Revista dos Tribunais, 2013. p. 41-67.

──────. **Entrevista sobre a lei da alienação parental, Dr. Elizio Perez**. Entrevistador: Coordenadoria de Defesa dos Direitos das Famílias. [S. l.], 2011. Disponível em: <http://www-antigo.mpmg.mp.br/portal/public/interno/id/22563>. Acesso em: 08 out. 2014.

PODEVYIN, François. **Síndrome de Alienação Parental**. Disponível em <http://www.apase.org.br/94001-sindrome.htm>. 04 abr. 2001. Acesso em: 27 set. 2014.

PONTES DE MIRANDA, Francisco Cavalcanti. **Tratado de direito de família**. 3ª ed. São Paulo: Max Limonad, 1947. v. I a III.

RODRIGUES, Silvio. **Direito civil**. 28ª ed. São Paulo: Saraiva, 2004. v. 6.

RIO GRANDE DO SUL. **Apelação Cível** nº 70056129950, da 8ª Câmara Cível. Relator: Ricardo Moreira Lins Pastl. Porto Alegre, RS, 14 nov. 2013. Disponível em: <http://www.tjrs.jus.br/busca/search?q=dano+moral+aliena%C3%A7%C3%A3o+parental&proxystylesheet=tjrs_index&getfields=*&oe=UTF-8&ie=UTF-8&ud=1&lr=lang_pt&sort=date:D:S:d1&as_qj=dano+moral+abandono+afetivo&as_epq=&as_oq=&as_eq=&as_q=+&ulang=pt=-BR&ip177=75.83.36.10,202.24.79.&access=p&entqr=3&entqrm=0&client=tjrs_index&filter=0&start=10&aba=juris&site=juris#main_res_juris>. Acesso em: 15 out. 2014.

RIZZARDO, Arnaldo. **Direito de família**: de acordo com a Lei 10.406, de 10.01.2002. 2ª ed. Rio de Janeiro: Forense, 2004.

SANDRI, Jussara Schmitt. **Alienação parental**: o uso dos filhos como instrumento de vingança entre os pais. Curitiba: Juruá, 2013.

SILVA, Paulo Lins e. O casamento como contrato de adesão e o regime legal da separação de bens. In: PEREIRA, Rodrigo da Cunha (coord.). **Anais do**

III **Congresso Brasileiro de Direito de Família**. Afeto, ética e família e o novo Código Civil brasileiro. Belo Horizonte: Del Rey, 2002. p. 353-363.

SILVA, Viviane Aparecida Liz da Silva. **O princípio do livre convencimento motivado**. São Miguel do Oeste: UNIEDU, 2010. Disponível em: <http://www.uniedu.sed.sc.gov.br/wp-content/uploads/2014/01/Viviane--Aparecida-Liz-da-Silva.pdf>. Acesso em: 22 out. 2010.

SPENGLER, Fabiana Marion. **União homoafetiva:** o fim do preconceito. Santa Cruz do Sul: EDUNISC, 2003.

SOUZA, Juliana Rodrigues de. **Alienação parental:** sob a perspectiva do direito à convivência familiar. Leme: Mundo Jurídico, 2014.

SOUZA, Raquel Pacheco Ribeiro de. **A tirania do guardião**. In: APASE, Associação de Pais e Mães Separados; PAULINO NETO, Analdino Rodrigues (Org.). Síndrome da alienação parental: a tirania do guardião. Porto Alegre: Equilíbrio, 2012. p. 7-10.

STELLATO, Cristiane. Quem somos. **AMASEP**. [S. l.] 30 jul. 2013. Disponível em: <http://www.amasep.org.br/index.php/quem-somos>. Acesso em: 30 out. 2014.

TRINDADE, Jorge. Síndrome de alienação parental. In: DIAS, Maria Berenice (Coord.). **Incesto e alienação parental**. 3ª ed. São Paulo: Revista dos Tribunais, 2013. p. 21-30.

VALENTE, Maria Luiza Campos da Silva. Síndrome da alienação parental: a perspectiva do serviço social. In: APASE, Associação de Pais e Mães Separados; PAULINO NETO, Analdino Rodrigues (Org.). **Síndrome da alienação parental:** a tirania do guardião. Porto Alegre: Equilíbrio, 2012. p. 70-87.

VENOSA, Sílvio de Salvo. **Direito civil:** direito de família. 12ª ed. São Paulo: Atlas, 2012.

VILELA, Sandra. **Anteprojeto acerca de alienação parental**. In: Pai Legal. 08 mar. 2009. Disponível em: <www.pailegal.net/guarda-compartilhada/mais-a-fundo/analises/529-anteprojeto-acerca-de-alienacao-parental>. Acesso em: 12 out. 2014.

XAXÁ, Igor Nazarovicz. **A Síndrome de Alienação Parental e o Poder Judiciário**. Monografia. Curso de Direito. Instituto de Ciências Jurídicas, Universidade Paulista. São Paulo, 2008. Disponível em <http:s://sites.google.com/site/alienacaoparental/textos-sobre-sap/Disserta%C3%A7%-C3%A3o-A_SAP_E_O_PODER_JUDICI.pdf>. Acesso em: 14 out. 2014.

ZAMARIOLA, Ricardo. Breves linhas sobre o advogado e as lides de família. In: VITORINO, Daniela; MINAS, Alan (Org.). **A morte inventada:** alienação parental em ensaios e vozes. São Paulo: Saraiva, 2014. p. 197-203.

- editoraletramento
- editoraletramento.com.br
- editoraletramento
- company/grupoeditorialletramento
- grupoletramento
- contato@editoraletramento.com.br
- editoraletramento

- editoracasadodireito.com.br
- casadodireitoed
- casadodireito
- casadodireito@editoraletramento.com.br